51 Proteinreiche Abendessen für Bodybuilder:

Baue Muskelmasse schnell auf ohne Pillen oder Protein-Ergänzungsmittel

Von

Joseph Correa

Zertifizierter Sport-Ernährungsberater

COPYRIGHT

© 2016 Correa Media Group

Alle Rechte vorbehalten.

Die Vervielfältigung und Übersetzung von Teilen dieses Werkes, mit Ausnahme zum in Paragraph 107 oder 108 des United States Copyright Gesetzes von 1976 dargelegten Zwecke, ist ohne die Erlaubnis des Copyright-Inhabers gesetzeswidrig.

Diese Veröffentlichung dient dazu fehlerfreie und zuverlässige Informationen zu dem auf dem Cover abgedruckten Thema zu liefern. Es wird mit der Einstellung verkauft, dass weder der Autor noch der Herausgeber befähigt sind, medizinische Ratschläge zu erteilen. Wenn medizinischer Rat oder Leistung notwendig sind, konsultieren Sie einen Arzt. Dieses Buch ist als Ratgeber konzipiert und sollte in keinster Weise zum Nachteil Ihrer Gesundheit gereichen. Konsultieren Sie einen Arzt, bevor Sie mit diesen Meditationsübungen beginnen, um zu gewährleisten, dass sie das Richtige für Sie sind.

DANKSAGUNG

Die Durchführung und der Erfolg dieses Buches wären ohne die Unterstützung meiner Familie nicht möglich gewesen.

51 Proteinreiche Abendessen für Bodybuilder:

Baue Muskelmasse schnell auf ohne Pillen oder Protein-Ergänzungsmittel

Von

Joseph Correa

Zertifizierter Sport-Ernährungsberater

INHALTSVERZEICHNIS

Copyright

Danksagung

Über den Autor

Einleitung

51 Proteinreiche Abendessen für Bodybuilder: Baue Muskelmasse schnell auf ohne Pillen oder Protein-Ergänzungsmittel

Andere großartige Werke des Autors

ÜBER DEN AUTOR

Als zertifizierter Sport-Ernährungsberater und Profi-Sportler, glaube ich fest daran, dass die richtige Ernährung dir dazu verhilft, deine Ziele schneller und effektiver zu erreichen. Mein Wissen und meine Erfahrung haben mir über die Jahre geholfen, gesünder zu leben. Diese Erkenntnis habe ich mit meiner Familie und meinen Freunden geteilt. Je mehr du über gesunden Essen und Trinken weißt, desto schneller wirst du deine Lebens- und Essensgewohnheiten ändern wollen.

Erfolgreich darin zu sein, dein Gewicht kontrollieren zu wollen, ist wichtig, da es all deine Lebensbereiche verbessern wird.

Ernährung ist der Schlüssel auf dem Weg zu einer besseren Figur. Darum soll es auch in diesem Buch gehen.

EINLEITUNG

51 Proteinreiche Abendessen für Bodybuilder werden dir dabei helfen, deinen Körper nach deinen Wünschen zu formen und die Fett-Aufnahme zu reduzieren. Ein erhöhter Protein-Anteil in der Ernährung führt bewiesener Maßen zu einem gesteigerten Muskelwachstum und zu einer verbesserten Leistung in allen Lebenslagen.

Deinen Körper mit mehr Muskeln auszustatten bietet dir viele Vorteile, darunter:

- verbesserte Stärke und Ausdauer.
- bessere Widerstandskraft und trainingszeiten.
- schnellere Erholungsphasen nach dem training oder einem Wettbewerb.
- ein fitteres und stärkeres Aussehen.
- ein muskulöseres Erscheinungsbild durch den Aufbau von Muskelmasse
- längere und härtere Trainingszeiten ohne ermüdungserscheinungen.
- verminderte Anzahl von Verletzungen und muskelkrämpfen.

Dieses Buch wird dir dabei helfen:

- dich besser darauf vorzubereiten, deine Ernährungsziele zu erreichen.
- dich mit einem soliden Fundament an proteinreichen Rezepten zu versorgen.
- mühelos das Rezept zu wählen, das am besten deine Bedürfnisse dieses Tages befriedigt.
- neue Essgewohnheiten zu erschaffen, die dein Körper braucht und nicht solche, bei denen du gezwungen bist, das vor dir Stehende zu essen.

Deine Essgewohnheiten zu verändern, wird dein Aussehen und deine Gefühle verändern. Das führt zu lang andauernden Erfolgen und mit den Lebensjahren zu wachsenden Leistungen.

Um das Beste aus deinen Körper zu machen, musst du ihn mit den richtigen Speisen versorgen und den Protein-Anteil deiner Ernährung erhöhen. Das ist die Basis für eine stetige Verbesserung.

51 PROTEINREICHE ABENDESSEN FÜR BODYBUILDER

1. Grillhühnchen mit Orange

Zutaten:

3 große Hühnerbrüste, ohne Knochen und Haut

½ Tasse frischer Orangensaft

1/3 Tasse Olivenöl

2 TL Zitronensaft

3 Knoblauchzehen, gemahlen

½ TL getrocknet Thymian

1 TL getrockneter Oregano

½ TL gehackter Kümmel

½ TL Meersalz

Zubereitung:

Bereite zuerst die Marinade zu. Vermenge die Zutaten in einer großen Plastikschüssel, rühre alles gut um und gib das Hühnchen dazu. Dichte die Schüssel gut ab und stell sie etwa eine Stunde in den Kühlschrank.

Heize die Bratpfanne bei mittlerer Hitze vor, gib das Hühnchen hinein und brate es auf jeder Seite 15 Minuten an.

Nährwert pro 100g:

Kohlenhydrate 17,1g

Zucker 9,5g

Proteine 19,3 g

Fette insgesamt 6g

Natrium 265,2 mg

Kalium 125,1mg

Calcium 19mg

Eisen 8.7mg

Vitamine (Vitamin A; B-6; B-12; C; D; D2; D3; K; Riboflavin; Niacin; Thiamin; K)

Kalorien 154

2. Bacon und Bohnen

Zutaten:

10 Scheiben Bacon

1 Tasse grüne Bohnen, gekocht

2 EL getrocknete Petersilie

1 TL Senf

1 TL Apfelessig

3 EL Olivenöl

½ TL Salz

Zubereitung:

Brate den Bacon in einer großen Pfanne bei mittlerer Hitze an, bis es knusprig ist. Leg den Deckel darauf und stell ihn zur Seite. Vermenge die grünen Bohnen mit Senf, Petersilie und Olivenöl. Füge den Bacon bei und würze mit Salz und Apfelessig.

Stell die Mischung etwa eine Stunde vor dem Servieren in den Kühlschrank.

Nährwert pro 100g:

Kohlenhydrate 12,1g

Zucker 6,3g

Proteine 14 g

Fette insgesamt 4g

Natrium 116,2 mg

Kalium 71,9mg

Calcium 21mg

Eisen 7mg

Vitamine (Vitamin A; B-6; B-12; C; D; D2; D3; K; Riboflavin; Niacin; Thiamin; K)

Kalorien 132

3. Lamm Koteletts

Zutaten:

4 Lamm Koteletts, 6 mm dick

1 Tasse Chili-Bohnen

3 große rote Paprika, geschnitten

1 EL Olivenöl

½ TL Meersalz

1 TL Rotweinessig

Zubereitung:

Erhitze 1 EL Olivenöl in einer großen Pfanne bei hoher Temperatur. Würze die Koteletts mit Meersalz und Rotweinessig. Leg sie auf einen Teller und stell ihn zur Seite.

Gib in der Zwischenzeit die Chili Bohnen und die rote Paprika in die Pfanne. Brate sie an, wende sie gelegentlich, bis alles zart ist. Das sollte 5-7 Minuten dauern.

Gib die Koteletts dazu und brate alles weitere 15 Minuten. Serviere die Koteletts und garniere sie zuvor mit der Bohnen-Mischung.

Nährwert pro 100g:

Kohlenhydrate 14,1g

Zucker 4,5g

Proteine 18,9g

Fette insgesamt 6g

Natrium 217,1 mg

Kalium 89,1mg

Calcium 29mg

Eisen 4mg

Vitamine (Vitamin A; B-6; B-12; C; D; D2; D3; K; Riboflavin; Niacin; Thiamin; K)

Kalorien 143

4. Steak Tacos

Zutaten:

450 g Steak vom Kalb

½ Tasse frischer Limettensaft

1 TL Meersalz

3 Knoblauchzehen, gehackt

½ TL Chilipulver

4 EL Olivenöl

1 kleine rote Zwiebel, gehackt

3 gelbe Paprika

½ Tasse süßer Mais

7 kleine Maistortillas

½ Avocado, geschnitten

¼ Tasse Sojasauce

2 EL gehackter Koriander

Zubereitung:

Bereite zuerst die Marinade für das Steak zu. Vermenge den Limettensaft, Salz, Knoblauch und Chilipulver in einer großen Schüssel. Gib das Steak dazu und lass alles etwa 30 Minuten stehen.

Erhitze das Olivenöl in einer großen Bratpfanne bei mittlerer Hitze etwa 5 Minuten. Gib die gehackte Zwiebel und Paprika hinzu. Koche alles etwa 5-6 Minuten. Leg das Gemüse auf einen Teller und stell ihn zur Seite.

Leg das Steak anschließend in eine Bratpfanne. Reduziere die Hitze auf eine mittlere bis niedrige und koche alles 10-15 Minuten. Gib die Paprika dazu und rühre gut um. Bereite die Tacos aus den warmen Tortillas und der Avocado zu. Träufle Sojasauce, gehackter Koriander und Mais darauf. Serviere warm.

Nährwert pro 100g:

Kohlenhydrate 16g

Zucker 11g

Proteine 13,5 g

Fette insgesamt 5g

Natrium 126mg

Kalium 78,2mg

Calcium 11mg

Eisen 4mg

Vitamine (Vitamin A; B-6; B-12; C; D; D2; D3; K; Riboflavin; Niacin; Thiamin; K)

Kalorien 87

5. Avocado-Reis

Zutaten

3 Tassen Garnelen, gesäubert und gefroren

1 mittlere Avocado, reif

1 ½ Tasse gekochter, brauner Reis

2 Eier

1 EL Honig

2 TL Olivenöl

¼ TL roter Pfeffer

1 EL Rotweinessig

2 EL Sesamsamen

1 Tasse rote Bohnen

Zubereitung:

Erhitze das Olivenöl in einer großen Pfanne bei mittlerer Temperatur. Füg Honig dazu und rühre gut um, bis er geschmolzen ist. Leg dann die Garnelen hinein brate sie einige Minuten auf jeder Seite an. Würze mit Pfeffer und nimm sie aus der Bratpfanne. Verwende dieselbe Pfanne, um die Eier etwa 2 Minuten anzubraten. Leg sie auf einen Teller und schneide sie in Streifen.

Vermische in einer kleinen Schüssel den Reis mit Rotweinessig und roten Bohnen. Garniere ihn mit Eierstreifen, Garnelen und Avocadostücken.

Nährwert pro 100g:

Kohlenhydrate 28,2g

Zucker 13,1g

Proteine 32,1 g

Fette insgesamt 11g

Natrium 621,4 mg

Kalium 119mg

Calcium 31mg

Eisen 7mg

Vitamine (Vitamin A; B-6; B-12; C; D; D2; D3; K; Riboflavin; Niacin; Thiamin; K)

Kalorien 181

6. Zitronen-Hühnchen

Zutaten:

4 Hälften Hühnerbrüste, ohne Haut und Knochen

½ Tasse Hühnerfond

2 EL getrocknete Petersilie, gehackt

2 EL Walnüsse, gehackt

1 EL frischer Zitronensaft

¼ TL Zitronenschale

2 TL Reismehl

½ TL Meersalz

¼ TL schwarzer Pfeffer

2 EL Olivenöl

1 mittlere Zwiebel, gehackt

1 Tasse brauner Reis, gekocht

Zubereitung:

Vermenge die Petersilie, Walnüsse und die Zitronenschale in einer Schüssel. Wasche und trockne die Hühnchen gut ab. Reibe sie mit Mehl, Salz und Pfeffer ein.

Erhitze das Olivenöl in einer großen Bratpfanne bei mittlerer Temperatur. Gib die gehackte Zwiebel dazu und brate sie etwa 3-4 Minuten an. Wende sie gelegentlich und füg die Hühnerbrust dazu. Brate sie an, bis sie eine leicht braune Farbe annehmen

Verteile nun den Hühnerfond und Zitronensaft über das Hühnchen. Leg den Deckel auf die Pfanne und lass alles etwa 20 Minuten bei sehr niedriger Temperatur kochen. Rühre die Petersilienmischung unter und nimm sie vom Herd. Serviere warm.

Nährwert pro 100g:

Kohlenhydrate 28g

Zucker 10,5g

Proteine 30,1 g

Fette insgesamt 9,9g

Natrium 611,3 mg

Kalium 103 mg

Calcium 19mg

Eisen 7,6mg

Vitamine (Vitamin A; B-6; B-12; C; D; D2; D3; K; Riboflavin; Niacin; Thiamin; K)

Kalorien 177

7. Spinatpizza

Zutaten:

1 mittlere Vollkorn Pizzateig

¼ Tasse zuckerfreie Pizzasauce

½ Tasse gehackter Spinat

½ kleine Zwiebel, gehackt

1 Tasse Hüttenkäse

½ Tasse Champignons, geschnitten

¼ Tasse Ricotta, mager

2 EL geraspelter Parmesankäse

1 EL Olivenöl

Zubereitung:

Heize den Backofen auf 180°C vor. Leg den Pizzateig auf ein Backblech. Verteile die Sauce darüber. Streue den Spinat und die Zwiebeln darüber. Dekoriere mit Hüttenkäse und Pilzen und bedecke alles mit einer abschließenden Schicht Ricotta und Parmesan. Träufle Olivenöl darüber.

Backe die Pizza etwa 10 Minuten, schneide und serviere sie.

Nährwert pro 100g:

Kohlenhydrate 29,2g

Zucker 16,1g

Proteine 32,2 g

Fette insgesamt 10g

Natrium 611,4 mg

Kalium 102mg

Calcium 22mg

Eisen 5,7mg

Vitamine (Vitamin A; B-6; B-12; C; D; D2; D3; K; Riboflavin; Niacin; Thiamin; K)

Kalorien 171

8. Broccoli-Ricotta-Pasta

Zutaten:

1 Tasse Vollkornnudeln

1 Tasse gekochter Broccoli

¼ Tasse magerer Ricotta

1 Tasse geschnittene magere Bratwürste

2 EL Parmesankäse, geraspelt

¼ TL Salz

2 EL Olivenöl

1 kleine Zwiebel, geschnitten

1 Knoblauchzehe, gemahlen

1/2 mittlere rote Zwiebel, dünn geschnitten

1 Knoblauchzehe, geschnitten

Kleine Prise rote Pfeffer-Flocken

2 EL Tomatenmark

Zubereitung:

Gib 3 Tassen Wasser in einen großen Topf. Bring das Wasser zum Kochen und leg den Broccoli hinein. Koche ihn etwa 10 Minuten, bis er weich ist. Nimm ihn aus dem Wasser und lass ihn abkühlen. Schneide den Broccoli in mundgerechte Stücke.

Gib nun die Nudeln in den gleichen Topf und bereite sie nach Packungsanleitung zu.

Erhitze in der Zwischenzeit das Olivenöl in einer großen Pfanne bei mittlerer Temperatur. Gib die geschnittenen Bratwürste, die Zwiebelstücke, Knoblauch und roter Pfeffer dazu. Koche alles etwa 8 Minuten, rühre gelegentlich um. Füge den gekochten Broccoli dazu und rühre gut um, bis er geschmeidig ist. Rühre das Tomatenmark unter und koche eine weitere Minute.

Senke die Hitze auf ein Minimum und gib die Nudeln dazu. Gib Wasser dazu, wenn die Mischung etwas trocken ist. Rühre den mageren Ricotta und den Parmesankäs unter. Serviere warm.

Nährwert pro 100g:

Kohlenhydrate 26g

Zucker 11g

Proteine 28,3 g

Fette insgesamt 9g

Natrium 421,1 mg

Kalium 128,1mg

Calcium 19mg

Eisen 8,7mg

Vitamine (Vitamin A; B-6; B-12; C; D; D2; D3; K; Riboflavin; Niacin; Thiamin; K)

Kalorien 186

9. Gegrilltes Gemüse mit Ziegenkäse

Zutaten:

½ Tasse Rote Beete, geschält und gewürfelt

½ Tasse grüne Bohnen, gekocht und getrocknet

½ Tasse Rosenkohl, gehackt

½ Tasse Kürbis, geschält und gehackt

½ Tasse Karotten, gehackt

1 Tasse frische Tomaten, grob gehackt

½ Tasse gekochte Tomaten

1 kleine Zwiebel, geschnitten

½ Tasse gekochte Linsen

2 Knoblauchzehen, gehackt

1 Tasse fein gehackter Mangold

Salz und Pfeffer zum Abschmecken

3 EL Olivenöl

1 Tasse zerriebener Ziegenkäse

Zubereitung:

Heiz den Backofen auf 180°C vor. Vermenge in einer großen Schüssel Rote Beete, grüne Bohnen, Rosenkohl und Kürbis. Gib 1 EL Olivenöl und etwas Salz als Würze dazu. Stell die Form auf ein Backblech und backe alles etwa 20 Minuten.

Erhitze in der Zwischenzeit das verbleibende Öl in einer mittelgroßen Bratpfanne. Gib die Zwiebeln und Karotten dazu und brate sie etwa 5 Minuten an, rühre gelegentlich um.

Füge geschnittene Tomaten und Mangold zu. Würze mit Pfeffer und lass die Mischung etwa 20 Minuten leicht köcheln. Rühre um, bevor du Mangold, Salz und Pfeffer beimischst.

Serviere die Linsen und garniere sie mit gegrilltem Gemüse, gekochten Tomaten und Ziegenkäse.

Nährwert pro 100g:

Kohlenhydrate 32,7g

Zucker 14g

Proteine 34 g

Fette insgesamt 12,7g

Natrium 645 mg

Kalium 141,2mg

Calcium 23mg

Eisen 7mg

Vitamine (Vitamin A; B-6; B-12; C; D; D2; D3; K; Riboflavin; Niacin; Thiamin; K)

Kalorien 204

10. Thai-Tofu mit Ingwer

1 Tasse Tofu, in Würfel gehackt

3 EL Ingwersauce

1 EL Olivenöl

2 EL frischer Ingwer, gemahlen

2 Knoblauchzehen

2 EL gehackte, frische Chilipeperoni

½ Tasse frische Champignons

1 Tasse frische, gelbe Paprika, gehackt

1 Tasse grüne Bohnen, gekocht

2 EL Teriyakisauce

¼ Tasse Wasser

¼ Tasse frischer Basilikum, gehackt

1 kleine Zwiebel, geschält und geschnitten

2 Tassen brauner Reis, gekocht

Zubereitung:

Vermenge die Zutaten in einer Antihaft beschichteten Bratpfanne oder im Wok. Heize den Herd auf mittlere Temperatur ein und brate die Zutaten etwa 20 Minuten, rühre gelegentlich um.

Serviere mit braunem Reis.

Nährwert pro 100g:

Kohlenhydrate 29g

Zucker 12,1g

Proteine 30,1 g

Fette insgesamt 11,9g

Natrium 522,1 mg

Kalium 104,9mg

Calcium 32mg

Eisen 8,6mg

Vitamine (Vitamin A; B-6; B-12; C; D; D2; D3; K; Riboflavin; Niacin; Thiamin; K)

Kalorien 157

11. Peperonata mit weißen Bohnen

Zutaten:

2 EL Olivenöl

1 kleine Zwiebel, geschnitten

2 Knoblauchzehen, gehackt

1 rote Paprikaschote, gehackt

2 kleine Tomaten, geschnitten

1 Tasse grüne Bohnen

1 EL Apfelessig

2 EL Olivenöl

einige Basilikumblätter als Garnitur

Salz und Pfeffer zum Abschmecken

Zubereitung:

Erhitze das Olivenöl in einer großen Pfanne bei mittlerer Hitze. Gib die geschnittenen Zwiebeln dazu und brate sie einige Minuten an, bis sie golden sind. Füge Knoblauch und die Paprikaschote hinzu, würze mit Salz und Pfeffer. Brate alles 15 Minuten, rühre dabei gelegentlich um.

Senke die Hitze auf ein geringes Maß ab und gib Tomaten und grüne Bohnen zu. Leg den Deckel darauf und koche alles einige Minuten. Nimm den Zopf vom Herd und serviere.

Nährwert pro 100g:

Kohlenhydrate 28,2g

Zucker 14,5g

Proteine 33,5 g

Fette insgesamt 12g

Natrium 626,5 mg

Kalium 121,2mg

Calcium 34mg

Eisen 10mg

Vitamine (Vitamin A; B-6; B-12; C; D; D2; D3; K; Riboflavin; Niacin; Thiamin; K)

Kalorien 197

12. Salat mit Kürbis und Kichererbsen

Zutaten:

2 Tassen gehackter Kürbis

2 TL frischer Kümmel

2 TL gemahlener Koriander

4 EL Gemüseöl

1 Tasse Kichererbsen, getrocknet

8 getrocknete Feigen, geschnitten

1 rote Zwiebel, geschnitten

¼ Tasse frischer Koriander, gehackt

4 EL frischer Zitronensaft

¼ Tasse Olivenöl

Zubereitung:

Heize den Backofen auf 150°C vor.

Vermische in einer großen Schüssel Kürbis mit Kümmel, Koriander und Gemüse. Rühre gut um. Verteile die Kürbis-Mischung auf ein Backpapier und backe sie etwa 20 Minuten. Nimm sie aus dem Ofen und lass sie abkühlen.

Lege den Kürbis, die Kichererbsen, Feigen, Zwiebel, Korianderblätter, Zitronenschale, den Zitronensaft und das Olivenöl in eine Schüssel und schwenke sie vorsichtig. Serviere alles.

Nährwert pro 100g:

Kohlenhydrate 26g

Zucker 12,5g

Proteine 32,5 g

Fette insgesamt 7g

Natrium 612 mg

Kalium 84,1mg

Calcium 31mg

Eisen 9mg

Vitamine (Vitamin A; B-6; B-12; C; D; D2; D3; K; Riboflavin; Niacin; Thiamin; K)

Kalorien 179

13. Feta-Frittata

Zutaten:

2 Tassen gehackter Kohl

3 EL Olivenöl

1 mittlere Salsiccia, geschnitten

1 kleine Zwiebel, geschält und geschnitten

6 Eier, leicht geschlagen

½ Tasse Fetakäse

¼ TL Salz

Zubereitung:

Erhitze den Kohl etwa 5 Minuten. Trockne ihn ab und drücke so viel Flüssigkeit wie möglich heraus. Schneide ihn grob.

Erhitze das Olivenöl in einer großen Pfanne. Brate die Wurstscheiben etwa 3 Minuten an, wende sie oft. Füge die Zwiebeln bei und brate alles weitere 2-3 Minuten. Gib den Kohl dazu und rühre gut um. Würze mit Salz. Verteile alles über die geschlagenen Eier, mische es mit einer

Gabel gut durch und nimm alles nach etwa einer Minute vom Herd.

Streue etwas zerriebener Fetakäse darauf und serviere warm.

Nährwert pro 100g:

Kohlenhydrate 16g

Zucker 3,5g

Proteine 20,5 g

Fette insgesamt 5,7g

Natrium 518,1 mg

Kalium 83,1mg

Calcium 31,4mg

Eisen 7mg

Vitamine (Vitamin A; B-6; B-12; C; D; D2; D3; K; Riboflavin; Niacin; Thiamin; K)

Kalorien 160

14. Krustenlose Quiche

Zutaten:

1 kleine Zwiebel, gehackt

4 große Scheiben Bacon

4 Eier

1 EL getrocknete Petersilie, gehackt

¼ Tasse Reismehl

1 EL Mandelbutter

2 Tassen fettreduzierte Milch

½ TL Salz

¼ TL Pfeffer

Zubereitung:

Verrühre in einer großen Schüssel die Eier und die Milch. Füge Reismehl und Butter bei. Vermische alles mit einem elektrischen Rührgerät. Gib die anderen Zutaten dazu und verteile die Mischung in eine Backform.

Heize den Backofen auf 150°C vor und backe die Mischung etwa 30 Minuten.

Nährwert pro 100g:

Kohlenhydrate 19,2g

Zucker 7,5g

Proteine 29,5 g

Fette insgesamt 11g

Natrium 531 mg

Kalium 63mg

Calcium 31,2mg

Eisen 9,1mg

Vitamine (Vitamin A; B-6; B-12; C; D; D2; D3; K; Riboflavin; Niacin; Thiamin; K)

Kalorien 177

15. Gegrilltes Lamm und Gemüse

Zutaten:

3 mittlere Lammfilets

2 EL Olivenöl

½ TL gemahlener Kümmel

1 Knoblauchzehe, gemahlen

½ TL Meersalz

¼ TL schwarzer Pfeffer

1 mittlere gelbe Paprika, gehackt

1 mittlere Aubergine, geschält und geschnitten

1 Gurke, geschält und geschnitten

2 EL frische Petersilie, gehackt

Zubereitung:

Erhitze das Olivenöl in einer großen Pfanne bei einer hohen Temperatur. Schneide die Aubergine der Länge nach und brate sie einige Minuten an. Reduziere die Hitze und gib das andere Gemüse dazu. Würze mit Salz, Pfeffer und Kümmel. Leg den Deckel auf die Bratpfanne und koche alles etwa 15 Minuten, rühre gelegentlich um.

Heize den Backofen auf 180°C vor. Verteile das Gemüse in einer mittelgroßen Backform in einer ebenen Schicht. Leg die Lammfilets darauf und backe alles 30 Minuten.

Nährwert pro 100g:

Kohlenhydrate 16g

Zucker 7,5g

Proteine 26,5 g

Fette insgesamt 10g

Natrium 531,2 mg

Kalium 63,1mg

Calcium 31mg

Eisen 6mg

Vitamine (Vitamin A; B-6; B-12; C; D; D2; D3; K; Riboflavin; Niacin; Thiamin; K)

Kalorien 201

16. BBQ Schweinsrippen

Zutaten:

450 g Schweinsrippen

3 EL Olivenöl

½ Tasse frische Tomatensauce

¼ Tasse zuckerfreie Barbecue-Sauce

2 Knoblauchzehen, gemahlen

¼ Tasse brauner Zucker

1 TL Tabascosauce

Zubereitung:

Bereite zuerst die Marinade zu. Vermenge in einer großen Schüssel die frische Tomatensauce, Barbecue-Sauce, Tabascosauce, brauner Zucker und Knoblauch. Lege die Schweinsrippen in die Marinade, decke sie zu und stell sie etwa eine Stunde in den Kühlschrank.

Verteile das Olivenöl über die Bratpfanne. Brate die Rippen etwa 10 Minuten auf jeder Seite an.

Nährwert pro 100g:

Kohlenhydrate 22 g

Zucker 6,5g

Proteine 26,5 g

Fette insgesamt 11g

Natrium 468 mg

Kalium 82,1mg

Calcium 20mg

Eisen 6,5mg

Vitamine (Vitamin A; B-6; B-12; C; D; D2; D3; K; Riboflavin; Niacin; Thiamin; K)

Kalorien 181

17. Wurstsalat

Zutaten:

8 dicke Rinder-Bratwürste (glutenfrei)

1 mittlere Kartoffel, gekocht

1 rote Zwiebel, geschält und geschnitten

3 EL extra natives Olivenöl

Salz und Pfeffer zum Abschmecken

1 TL Essig

Zubereitung:

Erhitze das Olivenöl in a einer großen Bratpfanne bei hoher Temperatur. Brate die Bratwürste etwa 4 Minuten. Nimm sie anschließend aus der Pfanne und lass Schneide sie in Scheiben und vermenge sie mit der Kartoffel und der roten Zwiebel. Würze den Salat mit Salz, Pfeffer und Essig. Lass ihn etwa 30 Minuten vor dem Servieren im Kühlschrank stehen.

Nährwert pro 100g:

Kohlenhydrate 15 g

Zucker 2,5g

Proteine 27,5 g

Fette insgesamt 11g

Natrium 531,1 mg

Kalium 82,1mg

Calcium 11mg

Eisen 5mg

Vitamine (Vitamin A; B-6; B-12; C; D; D2; D3; K; Riboflavin; Niacin; Thiamin; K)

Kalorien 136

18. Gegrillter Lachs mit Spargel

Zutaten:

4 dicke Lachsfilets

¼ Tasse fettfreie Mayonnaise

1 Tasse Spargel, gehackt

1 EL Basilikum, gehackt

1 EL Koriander, gehackt

2 EL Olivenöl

Zubereitung:

Vermenge die Mayonnaise mit Basilikum und Koriander. Rühre gut um und stell sie zur Seite.

Erhitze das Olivenöl in einer mittelgroßen Bratpfanne bei mittelhoher Temperatur. Brate die Lachsfilets etwa 3 Minuten auf jeder Seite an. Nimm sie aus der Bratpfanne. Gib den gehackten Spargel in dieselbe Bratpfanne. Reduziere die Hitze auf eine mittlere Stufe und brate alles etwa 5 Minuten, rühre gelegentlich um.

Serviere den Spargel mit Lachs und Mayonnaise.

Nährwert pro 100g:

Kohlenhydrate 19,1g

Zucker 5,5g

Proteine 23,5 g

Fette insgesamt 5g

Natrium 538,7 mg

Kalium 85,2mg

Calcium 32mg

Eisen 9,9mg

Vitamine (Vitamin A; B-6; B-12; C; D; D2; D3; K; Riboflavin; Niacin; Thiamin; K)

Kalorien 147

19. Hühnchen mit Mandeln

Zutaten:

5 Hühnchenschenkel, ohne Knochen und Haut

3 mittlere rote Zwiebeln, geschnitten

3 mittlere Süßkartoffeln, in dicke Scheiben geschnitten

2 rote Paprika, geschnitten

2 Knoblauchzehen, gehackt

3 EL Olivenöl

2 EL frischer Zitronensaft

4 EL Mandeln, gehackt

1 Tasse Griechischer Joghurt

1 EL frische Petersilie, gehackt

Zubereitung:

Heize den Backofen auf 150°C vor. Vermenge in einer großen Schüssel die Hühnchenschenkel mit Zwiebeln, Kartoffelscheiben und Paprika. Überführe alles in eine Backform. Vermische in einer anderen Schüssel Knoblauch, Olivenöl, frischer Zitronensaft und Mandeln. Verteile diese Mischung über das Fleisch und backe alles etwa 40 Minuten. Nimm das Fleisch aus dem Ofen und lass es gut abkühlen. Serviere das Ganze in kleinen Schüsseln und graniere es mit Griechischem Joghurt und Petersilie.

Nährwert pro 100g:

Kohlenhydrate 26g

Zucker 9,5g

Proteine 31,5 g

Fette insgesamt 11g

Natrium 598,1 mg

Kalium 93,2mg

Calcium 21mg

Eisen 7,8mg

Vitamine (Vitamin A; B-6; B-12; C; D; D2; D3; K; Riboflavin; Niacin; Thiamin; K)

Kalorien 197

20. Ricotta-Omelette

Zutaten:

4 Eier

2 EL getrocknete Petersilie

1 kleine Knoblauchzehe

2 EL Parmesankäse

2 EL Olivenöl

½ Tasse Ricotta

1 TL frischer Basilikum, gehackt

Zubereitung:

Schlage die Eier und vermische sie gut mit Petersilie, Knoblauch, Parmesan, Ricotta und Basilikum. Erhitze das Olivenöl bei hoher Temperatur. Brate die Eier etwa 3-4 Minuten, rühre gut um. Serviere das Omelette direkt.

Nährwert pro 100g:

Kohlenhydrate 21g

Zucker 7,2g

Proteine 25,1 g

Fette insgesamt 7g

Natrium 668,2 mg

Kalium 73,7mg

Calcium 22mg

Eisen 8mg

Vitamine (Vitamin A; B-6; B-12; C; D; D2; D3; K; Riboflavin; Niacin; Thiamin; K)

Kalorien 173

21. Hühnchen-Kebab

Zutaten:

2 kleine Kartoffeln, geschält und in dünne Scheiben geschnitten

2 Hühnchenbrüste, ohne Knochen und Haut, in Würfel geschnitten

1 mittlere rote Zwiebel, geschnitten

1 rote Paprika, geschnitten

Je 3 EL gehackte Petersilie, Minze und Schnittlauch

2 kleine Tomaten, geschnitten

6 EL Olivenöl

Für die Marinade:

2 EL Zitronensaft

2 grüne Chilis, entkernt und fein gehackt

2 kleine Knoblauchzehen, fein gehackt

4 EL Olivenöl

2 EL Weißweinessig

Zubereitung:

Koche die Kartoffeln etwa 20 Minuten, bis sie weich sind. Lass sie gut abtropfen und abkühlen. Vermische in einer großen Schüssel Zitronensaft, grüne Chilis, gehackte Knoblauchzehen, Olivenöl und Essig. Tränke das Fleisch und das Gemüse in der Marinade und lass es mindestens eine Stunde im Kühlschrank stehen.

Ordne das Fleisch und das Gemüse auf Holzspieße an. Verwende einen Küchenpinsel um das verbleibende Olivenöl über den Hühnchen Kebab zu streichen. Grille alles bei mittlerer Temperatur etwa 5-6 Minuten auf jeder Seite.

Nährwert pro 100g:

Kohlenhydrate 29,1g

Zucker 16,1g

Proteine 33 g

Fette insgesamt 12g

Natrium 521,4 mg

Kalium 84,1mg

Calcium 21mg

Eisen 8mg

Vitamine (Vitamin A; B-6; B-12; C; D; D2; D3; K; Riboflavin; Niacin; Thiamin; K)

Kalorien 243

22. Gewürzte Eier

Zutaten:

4 Eier, geschlagen

1 kleine Zwiebel, gehackt

1 kleine Chili-Peperoni, gehackt

1 EL Butter

¼ Tasse fettreduzierte Milch

1 kleine Tomate, gehackt

1 TL getrocknete Korianderblätter

Zubereitung:

Schmelze die Butter bei mittlerer Hitze. Füge die Zwiebel und den Chili bei und brate sie etwa 5 Minuten, bis sie weich sind. Gib nun die Tomate dazu, rühre gut um und brate sie, bis das Wasser ausgetreten. Vermenge in der Zwischenzeit die Eier mit der Milch und trockne die Korianderblätter. Verteile die Mischung in einer Bratpfanne und brate alles weitere 2-3 Minuten.

Nährwert pro 100g:

Kohlenhydrate 18g

Zucker 7,5g

Proteine 20 g

Fette insgesamt 6g

Natrium 462,1 mg

Kalium 53,2mg

Calcium 30mg

Eisen 9,6mg

Vitamine (Vitamin A; B-6; B-12; C; D; D2; D3; K; Riboflavin; Niacin; Thiamin; K)

Kalorien 127

23. Chili-Lachs

Zutaten:

4 dicke Scheiben Lachsfilets, in mittlere Würfel geschnitten

4 EL Chillisauce

2 EL frischer Limettensaft

3 EL Gemüseöl

Zubereitung:

Vermenge die süße Chillisauce und den Limettensaft in einer Schüssel. Wälze die Lachsfilets in dieser Mischung und lass sie etwa 30 Minuten stehen. Erhitze das Öl bei hoher Temperatur. Brate die Filets etwa 8 Minuten. Nimm sie aus der Pfanne und verwende ein Küchenpapier, um das austretende Öl aufzusaugen. Serviere warm.

Nährwert pro 100g:

Kohlenhydrate 16,1g

Zucker 8,5g

Proteine 24,1 g

Fette insgesamt 5,3g

Natrium 511,1 mg

Kalium 82,1mg

Calcium 23mg

Eisen 4mg

Vitamine (Vitamin A; B-6; B-12; C; D; D2; D3; K; Riboflavin; Niacin; Thiamin; K)

Kalorien 151

24. Bacon mit Pilzen

Zutaten:

450 g Bacon, geschnitten

1 Tasse frische Champignons

4 Eier, geschlagen

1 Tasse Kirschtomaten, halbiert

½ Tasse Hüttenkäse

1 EL getrocknete Petersilie

3 EL Öl zum Braten

Zubereitung:

Brate den Bacon bei mittlerer bis hoher Temperatur etwa 5 Minuten auf jeder Seite. Senke die Hitze auf die niedrigste Stufe ab und gib Tomaten, Pilze und Eier dazu. Würze mit Petersilie und bedecke die Mischung. Brate alles etwa 6-7 weitere Minuten. Nimm die Pfanne vom Herd und serviere warm.

Nährwert pro 100g:

Kohlenhydrate 10g

Zucker 2,5g

Proteine 23,5 g

Fette insgesamt 11g

Natrium 534,2 mg

Kalium 81,2mg

Calcium 32mg

Eisen 7mg

Vitamine (Vitamin A; B-6; B-12; C; D; D2; D3; K; Riboflavin; Niacin; Thiamin; K)

Kalorien 170

25. Lachs und grüne Bohnen-Mischung

Zubereitung:

3 große Lachsfilets, gehäutet

1 Tasse grüne Bohnen

½ Tasse Linsen

1 Ei

1 EL frischer Zitronensaft

2 EL Olivenöl

½ Tasse Frühlingszwiebeln, gehackt

Zubereitung:

Koche die Eier 10 Minuten. Nimm sie aus dem Topf, lass sie abkühlen und schäle sie. Schneide die Eier in kleine Würfel. Stell sie zur Seite.

Wasche und trockne die grünen Bohnen und Linsen. Vermische sie mit dem Ei.

Erhitze das Olivenöl bei mittlerer Temperatur. Brate die Lachsfilets etwa 5 auf jeder Seite. Nimm sie aus der Pfanne und verwende ein Küchenpapier um das austretende Öl aufzusaugen. Lass sie eine Zeit lang stehen und schneide sie in kleine Würfel.

Vermenge die Lachswürfel in einer großen Schüssel mit Zwiebeln und der Eier-Mischung. Lass die Mischung etwa 30 Minuten im Kühlschrank stehen, bevor du sie servierst.

Nährwert pro 100g:

Kohlenhydrate 18,3g

Zucker 5,5g

Proteine 20,5 g

Fette insgesamt 3,4g

Natrium 390,2 mg

Kalium 53mg

Calcium 22mg

Eisen 7mg

Vitamine (Vitamin A; B-6; B-12; C; D; D2; D3; K; Riboflavin; Niacin; Thiamin; K)

Kalorien 114

26. Couscous

Zutaten:

1 Tasse Instant- Couscous

2 große Karotten

½ TL getrockneter Rosmarin

1 Tasse grüne Bohnen, gekocht und getrocknet

10 grüne Oliven, entkernt

1 EL Zitronensaft

1 EL Orangensaft

1 EL Orangenschale

4 EL Olivenöl

½ TL Salz

Zubereitung:

Wasche und schäle die Karotten. Schneide sie in dünne Scheiben. Erhitze 2 EL Olivenöl in einer großen Pfanne bei mittlerer Hitze. Füge die Karotten bei und koche sie, rühre dabei ständig um. Sie sollten nach etwa 10-15 Minuten weich sein. Gib Rosmarin, die grünen Bohnen, Oliven und

Orangensaft dazu. Mische alles gut. Rühre weiterhin um und rühre gelegentlich um.

Vermenge den Zitronensaft mit 1 Tasse Wasser. Gib die Mischung in eine Bratpfanne und hebe 2 EL Olivenöl, die Orangenschale und Salz unter. Lass sie kochen und gib den Couscous dazu. Nimm alles vom Herd und lass ihn etwa 15 Minuten stehen.

Gib diese beiden Mischungen in eine große Schüssel und rühre alles gut mit einem Esslöffel um.

Nährwert pro 100g:

Kohlenhydrate 29g

Zucker 14,2g

Proteine 31 g

Fette insgesamt 13g

Natrium 602 mg

Kalium 97mg

Calcium 33mg

Eisen 11mg

Vitamine (Vitamin A; B-6; B-12; C; D; D2; D3; K; Riboflavin; Niacin; Thiamin; K)

Kalorien 202

27. Hühnchen mit Avocado

Zutaten:

1 großes Stück Hühnchenbrust, ohne Knochen und Haut, gekocht

1 Tasse grüne Bohnen

½ reife Avocado, geschält und gehackt

¼ Gurke, geschält, entkernt und gehackt

1 TL Tabascosauce

2 EL frischer Zitronensaft

2 EL extra natives Olivenöl

Einige Kopfsalat-Blätter

1 EL gemischte Samen

Zubereitung:

Schneide das Hühnchen in mittelgroße Würfel. Brate sie etwa 5 Minuten in einer vorgeheizten Pfanne, rühre gelegentlich um. Nimm sie aus der Pfanne und stell sie zur Seite.

Vermenge in der Zwischenzeit die grünen Bohnen, die Avocadostücke, die Gurke, die Tabascosauce, den Kopfsalat und den Zitronensaft in einem Mixer. Vermische alles etwa 30-40 Sekunden. Verteile die Mischung über die Hühnchenwürfel und lass sie mindestens 30 Minuten im Kühlschrank stehen, bevor du das Hühnchen servierst.

Nährwert pro 100g:

Kohlenhydrate 24g

Zucker 11,5g

Proteine 29,5 g

Fette insgesamt 10g

Natrium 462,1 mg

Kalium 63,1mg

Calcium 11mg

Eisen 5,6mg

Vitamine (Vitamin A; B-6; B-12; C; D; D2; D3; K; Riboflavin; Niacin; Thiamin; K)

Kalorien 165

28. Gegrillte Avocado in Currysauce

Zutaten:

1 große Avocado, gehackt

¼ Tasse Wasser

1 EL gemahlenes Curry

2 EL Olivenöl

1 TL Sojasauce

1 TL gehackte Petersilie

¼ TL rote Paprika

¼ TL Meersalz

Zubereitung:

Erhitze das Olivenöl in einer großen Pfanne bei mittlerer Temperatur. Vermenge in einer kleinen Schüssel das gemahlene Curry, Sojasauce, die gehackte Petersilie, rote Paprika und Meersalz. Gib Wasser dazu und koche alles etwa 5 Minuten bei mittlerer Temperatur. Füge die gehackte Avocado bei, rühre gut um und koche alles einige weitere Minuten, bis die Flüssigkeit ausgetreten ist. Drehe die Hitze ab und leg den Deckel darauf. Lass alles etwa 15-20 Minuten stehen, bevor du die Avocado servierst.

Nährwert pro 100g:

Kohlenhydrate 9,8g

Zucker 2,5g

Proteine 24 g

Fette insgesamt 3g

Natrium 112 mg

Kalium 24mg

Calcium 12mg

Eisen 2,3mg

Vitamine (Vitamin A; B-6; B-12; C; D; D2; D3; K; Riboflavin; Niacin; Thiamin; K)

Kalorien 143

29. Tofu mit frittiertem Gemüse

Zutaten:

½ Tasse weiches Tofu

1 kleine Zwiebel

1 kleine Karotte

1 kleine Tomate

2 mittlere rote Paprikas

Salz zum Abschmecken

1 EL Olivenöl

Zubereitung:

Wasche das Gemüse und trockne es mit einem Küchenpapier ab. Schneide es in dünne Scheiben oder Streifen. Erhitze das Olivenöl bei mittlerer Temperatur und brate das Gemüse etwa 10 Minuten an, rühre dabei ständig um. Gib Salz dazu und mische alles gut. Warte, bis das Gemüse zart ist, gib dann das weiche Tofu dazu. Rühre gut um. Brate alles weitere 2-3 Minuten. Nimm das Gemüse vom Herd und serviere es.

Nährwert pro 100g:

Kohlenhydrate 27g

Zucker 6,5g

Proteine 29,5 g

Fette insgesamt 11g

Natrium 611 mg

Kalium 72mg

Calcium 27mg

Eisen 6,7mg

Vitamine (Vitamin A; B-6; B-12; C; D; D2; D3; K; Riboflavin; Niacin; Thiamin; K)

Kalorien 198

30. Lauch mit Seitanwürfel

Zutaten:

2 Tassen klein geschnittener Lauch

1 Tasse Seitan, in Würfel geschnitten

Olivenöl

Thymianblätter zur Dekoration

Salz und rote Paprika zum Abschmecken

Zubereitung:

Schneide den Lauch in kleine Stücke und wasche ihn einen Tag, bevor du ihn servierst, unter kaltem Wasser. Lass ihn über Nacht in einer Plastiktüte.

Erhitze das Öl in einer großen Pfanne bei mittlerer Temperatur. Gib die Seitan-Würfel dazu und brate alles etwa 15 Minuten. Füge den Lauch bei, mische alles gut und brate alles weitere 10 Minuten bei niedriger Temperatur. Nimm den Lauch aus der Bratpfanne und lass ihn abkühlen. Dekoriere den Lauch mit Thymianblättern. Streue nach Belieben Salz und Pfeffer darüber.

Nährwert pro 100g:

Kohlenhydrate 11g

Zucker 6,5g

Proteine 17,1 g

Fette insgesamt 6g

Natrium 232,1 mg

Kalium 53,1mg

Calcium 32mg

Eisen 4mg

Vitamine (Vitamin A; B-6; B-12; C; D; D2; D3; K; Riboflavin; Niacin; Thiamin; K)

Kalorien 124

31. Auberginen Kasserolle

Zutaten:

2 große Auberginen

1 Tasse Tempeh, geschnitten

1 mittlere Zwiebel

2 EL Öl

¼ TL Pfeffer

2 kleine Tomaten

1 EL getrocknete Petersilie

½ Tasse weiches Tofu, püriert

3 EL Brotkrümmel

1 Tasse fettfreie Milch

½ Tasse fettfreie Kaffeesahne

Zubereitung:

Fette die Backform mit Öl ein. Heize den Backofen auf 180°C vor. Schäle die Auberginen und schneide sie der Längen nach in dünne Scheiben. Schichte die Auberginenscheiben in einer Backform. Schäle und schneide die Zwiebel und die Tomaten in dünne Scheiben. Bilde daraus die zweite Schicht in deiner Backform. Verteile die Tempehscheiben darauf.

Vermenge die Brotkrümmel in einer großen Schüssel mit der fettfreien Milch, dem pürierten, weichen Tofu, der Sojamilch, Petersilie und Pfeffer. Verquirle alles, bis eine geschmeidige Masse entsteht. Verteile diese Mischung über deine Kasserolle und backe sie etwa 20 Minuten.

Schneide sie in 6 gleich große Stücke und serviere sie.

Nährwert pro 100g:

Kohlenhydrate 17,1g

Zucker 3,5g

Proteine 20,5 g

Fette insgesamt 5g

Natrium 568mg

Kalium 81,2mg

Calcium 30mg

Eisen 5,1mg

Vitamine (Vitamin A; B-6; B-12; C; D; D2; D3; K; Riboflavin; Niacin; Thiamin; K)

Kalorien 177

32. Lachs mit Gurkensauce

Zutaten:

4 Lachsfilets, geschnitten

1 Tasse Vollkornnudeln, gekocht

1 große Gurke, geschält und gehackt

2 TL Olivenöl

½ TL gemahlener Kümmel

1 TL brauner Zucker

½ TL schwarzer Pfeffer

½ TL Meersalz

1 Tasse Griechischer Joghurt

1 Schalotte, fein gehackt

1 TL frischer Zitronensaft

Zubereitung:

Vermenge das Olivenöl, Kümmel, brauner Zucker, Pfeffer und Salz in einer Schüssel. Leg den Lachs eine Backform und bedecke sie mit dieser Mischung. Lass alles etwa 20 Minuten im Kühlschrank stehen.

Heize den Backofen auf 180°C vor. Vermische den Griechischen Joghurt in einer Schüssel mit der Gurke, Schalotte, Petersilie und dem Zitronensaft. Backe den Lachs etwa 7-10 Minuten und serviere sie mit den Nudeln und garniere sie mit einer Sauce aus Griechischem Joghurt.

Nährwert pro 100g:

Kohlenhydrate 27g

Zucker 11g

Proteine 26,7 g

Fette insgesamt 8g

Natrium 598 mg

Kalium 92,1mg

Calcium 41mg

Eisen 11mg

Vitamine (Vitamin A; B-6; B-12; C; D; D2; D3; K; Riboflavin; Niacin; Thiamin; K)

Kalorien 182

33. Seitan-Burritos

Zutaten:

1 Tasse gekochte grüne Bohnen

450 g Seitan, gehackt

1 Tasse weiches Tofu

½ Tasse gehackte Zwiebeln

1 TL gemahlener, rote Pfeffer

1 TL Chilipulver

6 Vollkorn-Tortillas

Zubereitung:

Vermenge den Seitan in einer Bratpfanne mit gemahlenem, rotem Pfeffer, Chilipulver und Zwiebeln. Rühre für 15 Minuten bei niedriger Temperatur gut um.

Vermische das weiche Tofu mit grünen Bohnen in einem Mixer. Mische alles etwa 30 Sekunden. Gib die Tofu-Mischung zum Seitan. Teile die Mischung in 6 gleich große Teile und verteile sie über die Tortillas. Wickel sie ein und serviere sie.

Nährwert pro 100g:

Kohlenhydrate 19g

Zucker 7,5g

Proteine 17 g

Fette insgesamt 4,3g

Natrium 188mg

Kalium 72 mg

Calcium 27mg

Eisen 5,9mg

Vitamine (Vitamin A; B-6; B-12; C; D; D2; D3; K; Riboflavin; Niacin; Thiamin; K)

Kalorien 123

34. Kichererbsen-Tagine

Zutaten:

4 kleine Tomaten, gehackt

1 mittlere Zwiebel, geschnitten

1 mittlere Zucchini, gehackt

1 Tasse getrocknete Aprikosen

2 EL Olivenöl

½ TL Meersalz

2 kleine Karotten, der Länge nach geschnitten

2 Knoblauchzehen, gemahlen

2 EL Ingwer, gehackt

2 TL Honig

1 TL Kümmel, gemahlen

1 TL Zimt, gemahlen

¼ TL Kurkuma

½ Tasse Wasser

2 Tassen Kichererbsen, abgetropft

2 EL frischer Zitronensaft

1 Tasse Vollkorn-Couscous, gekocht

3 EL Mandeln, gehackt

Zubereitung:

Erwärme in einer großen Pfanne das Olivenöl bei mittlerer Temperatur. Gib die Zwiebeln und das Salz dazu. Brate alles etwa 5 Minuten, rühre gelegentlich um. Gib die Karotten dazu und brate sie weitere 5 Minuten.

Gib nun die Gewürze dazu und erhöhe die Hitze. Rühre gut um und füge die Tomaten, die Zucchini und die Aprikosen bei. Lass Wasser einlaufen und bringe es zum Kochen. Leg den Deckel darauf und senke die Hitze. Lass alles etwa 20 Minuten leicht köcheln.

Gib nun die Kichererbsen zum Zitronensaft. Koche die beiden ohne Deckel, bis die Kichererbsen gar sind und das Wasser verdampft ist. Schmelze den Honig darin und nimm alles vom Herd. Serviere mit Couscous und garniere die Tagine mit Mandeln.

Nährwert pro 100g:

Kohlenhydrate 22,7g

Zucker 7,1g

Proteine 19g

Fette insgesamt 7,4g

Natrium 570 mg

Kalium 71,2mg

Calcium 35,3mg

Eisen 8mg

Vitamine (Vitamin A; B-6; B-12; C; D; D2; D3; K; Riboflavin; Niacin; Thiamin; K)

Kalorien 167

35. Brot aus Chiasamen

Zutaten:

3 Tassen Buchweizenmehl

½ Tasse Kürbispüree

1 Tasse gehackte Chiasamen

warmes Wasser

Salz

½ Packung Hefe

Zubereitung:

Mische Mehl, Kürbispüree und Chiasamen mit Salz und Hefe. Gib warmes Wasser dazu und rühre um, bis ein geschmeidiger Teig entsteht. Lass alles etwa 30-40 Minuten an einem warmen Ort stehen. Träufle warmes Wasser darüber und backe den Teig im vorgeheizten Backofen bei 180°C etwa 40 Minuten, bis er eine goldene Färbung annimmt. Nimm den Teig aus dem Backofen, decke ihn mit einem Küchenhandtuch ab und lass ihn abkühlen

Nährwert pro 100g:

Kohlenhydrate 17,2g

Zucker 3,5g

Proteine 21,5 g

Fette insgesamt 5g

Natrium 528,1 mg

Kalium 84,1mg

Calcium 30mg

Eisen 9mg

Vitamine (Vitamin A; B-6; B-12; C; D; D2; D3; K; Riboflavin; Niacin; Thiamin; K)

Kalorien 171

36. Gegrillte, grüne Paprika

Zutaten:

2 grüne Paprika

3 EL Olivenöl

2 Knoblauchzehen

gehackte Petersilie

1 EL Sojasauce

¼ TL Meersalz

¼ TL Pfeffer

Zubereitung:

Bereite zuerst die Sauce vor. Vermenge in einer kleinen Schüssel 3 EL Olivenöl mit Knoblauch, gehackter Petersilie, Sojasauce, Salz und Pfeffer. Vermische alles gut. Verteile die Sauce über die Paprika und brate sie bei mittlerer Temperatur etwa 10-15 Minuten in einer Bratpfanne an. Rühre ständig um.

Serviere warm.

Nährwert pro 100g:

Kohlenhydrate 22,3g

Zucker 6,2g

Proteine 23 g

Fette insgesamt 7g

Natrium 382,6 mg

Kalium 52mg

Calcium 21mg

Eisen 5mg

Vitamine (Vitamin A; B-6; B-12; C; D; D2; D3; K; Riboflavin; Niacin; Thiamin; K)

Kalorien 175

37. Zucchinistücke mit Knoblauch

Zutaten:

1 große Zucchini

4 Knoblauchzehen

1 EL Olivenöl

¼ TL Salz

Zubereitung:

Schäle und schneide die Zucchini in dicke Scheiben. Würfel den Knoblauch und brate ihn wenige Minuten in Olivenöl, bis er eine goldene Farbe annimmt. Füge Zucchini bei und brate sie weitere 10 Minuten bei mittlerer Temperatur. Streue etwas gehackte Petersilie darüber, bevor du die Zucchini servierst. Schmecke mit Salz ab.

Nährwert pro 100g:

Kohlenhydrate 21,7g

Zucker 9,5g

Proteine 28 g

Fette insgesamt 5g

Natrium 571,3 mg

Kalium 92,3mg

Calcium 40mg

Eisen 9,8mg

Vitamine (Vitamin A; B-6; B-12; C; D; D2; D3; K; Riboflavin; Niacin; Thiamin; K)

Kalorien 181

38. Gebackte Pilze in Tomatenmark

Zutaten:

1 Tasse Champignons

1 große Tomate

3 EL Olivenöl

2 Knoblauchzehen

1 EL frischer Basilikum

Salz und Pfeffer zum Abschmecken

Zubereitung:

Wasche und schäle die Tomate. Schneide sie in kleine Stücke. Würfel den Knoblauch und vermische ihn mit der Tomate Erhitze das Olivenöl in einer Bratpfanne und lege die Tomate hinein. Gib ¼ Tasse Wasser dazu, rühre gut um und koche alles etwa 15 Minuten bei niedriger Temperatur, bis das Wasser verdampft ist. Rühre dabei ständig um. Nach etwa 15 Minuten, wenn das Wasser verdampft ist, nimm den Topf vom Herd.

Wasche und trockne die Pilze ab. Lege sie in eine kleine Backform und verteile das Tomatenmark darüber. Schmecke mit Salz und Pfeffer ab.

Heize den Backofen auf 150°C vor und backe sie etwa 10-15 Minuten.

Nährwert pro 100g:

Kohlenhydrate 10g

Zucker 2,4g

Proteine 17,5 g

Fette insgesamt 4,8g

Natrium 161,4 mg

Kalium 31,5mg

Calcium 11mg

Eisen 5,9mg

Vitamine (Vitamin A; B-6; B-12; C; D; D2; D3; K; Riboflavin; Niacin; Thiamin; K)

Kalorien 112

39. Gesunde Bacon- und Gemüse-Frittata

Zutaten:

3 große Scheiben Bacon

1 Tasse Lauch, grob gehackt

2 große Tomaten, gehackt

1 Tasse Spinat, gehackt

6 Eier

2 Eiweiß

1 kleine Avocado, geschnitten

¼ Tasse frische Petersilie, gehackt

fettreduziertes Ölspray

½ TL Salz

¼ TL Pfeffer

Zubereitung:

Sprühe etwas Öl in eine mittelgroße Bratpfanne. Erhitze es bei mittlerer Temperatur und gib die Baconscheiben und Lauch dazu. Brate sie einige Minuten, bis der Lauch weich ist. Füge Tomaten und gehackter Spinat bei und koche weitere 4-5 Minuten, bis die Flüssigkeit verdampft ist und das Gemüse weich ist.

Schlage in der Zwischenzeit die Eier und vermenge sie mit dem Eiweiß. Gib Salz dazu und verteile die Mischung in einer Bratpfanne. Vermische sie gut mit dem Gemüse und brate sie etwa 3 Minuten an, rühre dabei ständig um.

Nimm die Frittata aus der Pfanne und serviere sie mit Avocadoscheiben. Streue frische Petersilie darauf.

Nährwert pro 100g:

Kohlenhydrate 20,1g

Zucker 8,5g

Proteine 21,3 g

Fette insgesamt 7g

Natrium 268mg

Kalium 73,3mg

Calcium 22mg

Eisen 5mg

Vitamine (Vitamin A; B-6; B-12; C; D; D2; D3; K; Riboflavin; Niacin; Thiamin; K)

Kalorien 160

40. Avocado-Tofu

Zutaten:

3 mittlere, reife Avocados, halbiert

1 Tasse weiches Tofu

3 EL Olivenöl

2 TL getrockneter Rosmarin

Salz und Pfeffer zum Abschmecken

Zubereitung:

Heize den Backofen auf 180°C vor. Halbiere die Avocados und entferne das Fleisch aus dem Innern. Fülle jede Avocado-Hälfte mit 1 EL weichem Tofu und bestreue sie mit Rosmarin, Salz und Pfeffer. Fette die Backform mit Olivenöl ein und lege die Avocados hinein. Verwende am besten eine kleine Auflaufform, damit deine Avocados genau hereinpassen. Stelle sie etwa 15-20 Minuten in den Ofen.

Nährwert pro 100g:

Kohlenhydrate 22,3g

Zucker 6,1g

Proteine 23,1 g

Fette insgesamt 6g

Natrium 428,1 mg

Kalium 73,2mg

Calcium 33mg

Eisen 5mg

Vitamine (Vitamin A; B-6; B-12; C; D; D2; D3; K; Riboflavin; Niacin; Thiamin; K)

Kalorien 167,5

41. Omelette mit Seitan und Spinat

Zutaten:

½ Tasse weiches Tofu, püriert

½ Tasse Cannellini Bohnen, püriert

1 Tasse frischer Spinat

5 dicke Scheiben Seitan

¼ Tasse fettfreie Milch

1 EL Olivenöl

1/8 TL gemahlener, roter Pfeffer

¼ TL Salz

Zubereitung:

Fette die Bratpfanne mit Olivenöl ein. Erhitze sie bei mittlerer Temperatur. Verrühre in der Zwischenzeit das weiche, pürierte Tofu, die pürierten Cannellini Bohnen, den Spinat und die fettfreie Milch. Verteile alles in einer Pfanne und rühre 3-4 Minuten um. Gib Seitanscheiben, gemahlener Pfeffer und Salz dazu. Dreh die Hitze ab, lass aber die Pfanne auf dem Herd stehen, bis der Seitan heiß ist.

Nährwert pro 100g:

Kohlenhydrate 12g

Zucker 2 g

Proteine 11g

Fette insgesamt 3,4g

Natrium 166,9 mg

Kalium 73,1mg

Calcium 21mg

Eisen 5.1mg

Vitamine (Vitamin A; B-6; B-12; C; D; D2; D3; K; Riboflavin; Niacin; Thiamin; K)

Kalorien 146

42. Pürierte Pflaumen mit Tofu

Zutaten:

½ Tasse pürierte Pflaumen

1 Tasse püriertes, weiches Tofu

¼ Tasse fettfreie Milch

1 EL Öl

Salz zum Abschmecken

Zubereitung:

Vermenge die pürierten Pflaumen mit dem pürierten, weichen Tofu. Zerdrücke beides mit einer Gabel und gib etwas Salz dazu – etwa ¼ TL sollten reichen. Fette die Bratpfanne mit Öl ein. Erhitze sie auf mittlerer bis hohe Temperatur. Verteile die Mischung in einer Bratpfanne und brate sie 3-4 Minuten, rühre dabei ständig um.

Nährwert pro 100g:

Kohlenhydrate 31g

Zucker 3,8g

Proteine 27g

Fette insgesamt 6g

Natrium 412mg

Kalium 623mg

Calcium 171,7mg

Eisen 0,83mg

Vitamine (Vitamin C total Askorbinsäure; B-6; B-12; Folate-DFE; A-RAE; A-IU; E-alpha-Tocopherol; D; D-D2+D3; Thianin; Niacin)

Kalorien 283

43. Süßkartoffeln mit Agarpulver

Zutaten:

4 mittlere Süßkartoffeln, geschält

2 EL Agarpulver

2 mittlere Zwiebeln, geschält

1 EL gemahlener Knoblauch

2 EL Olivenöl

½ TL Meersalz

¼ TL gemahlener Pfeffer

Zubereitung:

Löse zuerst 2 EL Agarpulver in 2 EL Wasser. Rühre gut um und stelle die Lösung 15 Minuten in den Kühlschrank.

Heize den Backofen auf 180°C vor. Verteile das Olivenöl in eine mittelgroße Backform. Lege die Kartoffeln auf ein Backpapier. Backe sie etwa 40 Minuten. Nimm sie aus dem Backofen und lass sie eine Zeit lang auskühlen. Senke dann die Hitze des Backofens auf 90°C ab.

Würfel in der Zwischenzeit die Zwiebeln in kleine Stücke. Nimm das Agarpulver aus dem Kühlschrank. Rühre es erneut um. Das ersetzt das Eiweiß. Schneide die Kartoffeln in dicke Scheiben und lege sie in eine Schüssel. Gib gehackte Zwiebeln, Eiweiß, gemahlener Knoblauch, Meersalz und Pfeffer dazu. Rühre gut um

Nährwert pro 100g:

Kohlenhydrate 18g

Zucker 9,8g

Proteine 21g

Fette insgesamt 7g

Natrium 529mg

Kalium 63,1mg

Calcium 21mg

Eisen 8,9mg

Vitamine (Vitamin A; B-6; B-12; C; D; D2; D3; K; Riboflavin; Niacin; Thiamin; K)

Kalorien 120

44. Cranberry Haferflocken

Zutaten:

1 Tasse frische Cranberries

2 Tassen Hafer

1 EL Kürbiskerne

1 mittlerer Apfel, in Scheiben geschnitten

1 Tasse Mandel Griechischer Joghurt

½ Tasse Mandelsahne

½ Tasse Ahornsirup

Zubereitung:

Heize den Backofen auf 180°C vor. Verteile die Kürbiskerne auf einem Backblech und röste sie etwa 5-6 Minuten. Sie sollten eine leichte braune Farbe bekommen.

Koche die Cranberries bei hoher Temperatur. Koche sie, bis sie aufplatzen. Gib den Hafer, die Mandelsahne und die Apfelscheiben dazu und rühre gut um. Koche alles weitere 7 Minuten oder bis der Hafer gekocht ist. Rühre die Kürbiskerne unter. Nimm alles vom Herd und lass es weitere 10 Minuten stehen. Serviere sie kalt zusammen mit dem Mandeljoghurt und dem Ahornsirup.

Nährwert pro 100g:

Kohlenhydrate 25g

Zucker 13,2g

Proteine 26,3 g

Fette insgesamt 11g

Natrium 575 mg

Kalium 92mg

Calcium 28mg

Eisen 9,7mg

Vitamine (Vitamin A; B-6; B-12; C; D; D2; D3; K; Riboflavin; Niacin; Thiamin; K)

Kalorien 194

45. Chiasamen-Paté

Zutaten:

½ Tasse Chiasamenpulver

¼ Tasse Chiasamen

½ Tasse weiches Tofu, püriert

3-4 Knoblauchzehen

¼ Tasse fettfreie Milch

1 EL Senf

¼ TL Salz

Zubereitung:

Würfel den Knoblauch und mische ihn mit Senf. Vermenge in einer großen Schüssel das weiche Tofu mit der fettfreien Milch, dem Salz, dem Chiasamenpulver und die Chiasamen. Mische alles gut und gib Knoblauch und Senf dazu. Lass das Paté etwa eine Stunde, bis du es servierst, im Kühlschrank stehen. Du kannst es 10 Tage im Kühlschrank aufbewahren.

Nährwert pro 100g:

Kohlenhydrate 13g

Zucker 5,5g

Proteine 19,3 g

Fette insgesamt 4g

Natrium 363,2 mg

Kalium 82,1mg

Calcium 21mg

Eisen 4,3mg

Vitamine (Vitamin A; B-6; B-12; C; D; D2; D3; K; Riboflavin; Niacin; Thiamin; K)

Kalorien 134

46. Weiches Tofu mit grüner Paprika

Zutaten:

½ Tasse weiches Tofu, püriert

2 kleine, grüne Paprika, gehackt

¼ TL rote Paprika

¼ TL Meersalz

1 EL Olivenöl

Zubereitung:

Vermenge das weiche Tofu mit der roten Paprika und dem Meersalz und vermische alles gut mit einer Gabel.

Erhitze das Olivenöl auf mittlerer bis hoher Stufe und brate die gehackte, grüne Paprika etwa 10 Minuten an. Gib das Tofu dazu, rühre gut um und brate alles weitere 3 Minuten an. Nimm den Topf vom Herd und serviere alles.

Nährwert pro 100g:

Kohlenhydrate 12,1g

Zucker 4,5g

Proteine 15 g

Fette insgesamt 4g

Natrium 263mg

Kalium 81 mg

Calcium 11mg

Eisen 3mg

Vitamine (Vitamin A; B-6; B-12; C; D; D2; D3; K; Riboflavin; Niacin; Thiamin; K)

Kalorien 111

47. Salat mit Walnüssen und Erdbeeren

Zutaten:

½ Tasse gemahlene Walnüsse

2 Tassen frische Erdbeeren

1 EL Erdbeersirup

2 EL Kokoscreme

1 EL brauner Zucker

Zubereitung:

Wasche und schneide die Erdbeeren in kleine Stücke. Mische sie mit den gemahlenen Walnüssen in einer Schüssel. Vermenge in einer anderen Schüssel das Erdbeersirup, die Kokoscreme und den braunen Zucker. Verrühre alles mit einer Gabel und nutze das Ganze um den Salat zu garnieren.

Nährwert pro 100g:

Kohlenhydrate 19g

Zucker 7,5g

Proteine 22g

Fette insgesamt 5,8g

Natrium 532 mg

Kalium 83mg

Calcium 31,3mg

Eisen 7mg

Vitamine (Vitamin A; B-6; B-12; C; D; D2; D3; K; Riboflavin; Niacin; Thiamin; K)

Kalorien 186

48. Salatrezept mit Apfel

Zutaten:

1 großer Apfel

1 Tasse gehackter Spinat

1,5 Tassen Schlagsahne

1 EL Apfelsaft

½ Tasse Linsen

1 TL Apfelessig

Zubereitung:

Wasche und schäle den Apfel. Schneide ihn in Scheiben. Verwende eine große Schüssel, um den Apfel mit den anderen Zutaten zu vermischen. Würze mit Apfelessig und serviere es kalt.

Nährwert pro 100g:

Kohlenhydrate 16,.1g

Zucker 2,5g

Proteine 23,5 g

Fette insgesamt 5g

Natrium 567,1 mg

Kalium 84,2mg

Calcium 33mg

Eisen 9,4mg

Vitamine (Vitamin A; B-6; B-12; C; D; D2; D3; K; Riboflavin; Niacin; Thiamin; K)

Kalorien 198

49. Spinat-Omelette

Zutaten:

½ Tasse pürierte Pflaumen

1 Tasse Babyspinatblätter, gehackt

1 EL Zwiebelpulver

¼ TL gemahlener, roter Pfeffer

¼ TL Meersalz

1 EL Tofu, gerieben

1 EL Leinsamenöl

Fettfreie Milch, optional

Zubereitung:

Vermenge die pürierten Pflaumen mit den Babyspinatblättern und dem geriebenen Tofu. Verrühre alles mit einer Gabel. Würze mit Zwiebelpulver, roter Paprika und Meersalz.

Wenn deine Mischung zu dick ist, kannst du etwas fettfreie Milch zufügen.

Erhitze das Olivenöl auf mittlerer Stufe. Gib die Eier-Mischung hinzu und brate sie 2-3 Minuten.

Verteile die Mischung in eine Auflaufform und backe sie weitere 15-20 Minuten bei 90°C.

Nährwert pro 100g:

Kohlenhydrate 18,1g

Zucker 6,1g

Proteine 17,5g

Fette insgesamt 3g

Natrium 112mg

Kalium 43,3mg

Calcium 19mg

Eisen 6mg

Vitamine (Vitamin A; B-6; B-12; C; D; D2; D3; K; Riboflavin; Niacin; Thiamin; K)

Kalorien 97

50. Spiegelei mit gehackter Minze

Zutaten:

3 Eier

1 EL Olivenöl

1 EL gehackte Minze

1 Tasse Kirschtomaten

1 kleine Zwiebel

Pfeffer zum Abschmecken

Salz zum Abschmecken

Zubereitung:

Schneide das Gemüse in kleine Stücke und brate es in einer großen Bratpfanne bei niedriger Temperatur etwa 15 Minuten an. Warte ab, bis das Wasser verdampft ist. Schlage die Eier und füge die gehackte Minze bei. Mische sie mit dem Gemüse, träufle Olivenöl darauf und brate alles weitere Minuten. Streue vor dem Servieren noch etwas Salz und Pfeffer darauf.

Nährwert pro 100 g:

Kohlenhydrate 8,1g

Zucker 4g

Proteine 28g

Fette insgesamt (gute, einfach gesättigte Fettsäuren) 11,9g

Natrium 176mg

Kalium 174mg

Calcium 17,9mg

Eisen 1,5mg

Vitamine (Vitamin A; B-6; B-12; C; D; D2; D3; K; Riboflavin; Niacin; Thiamin; K)

Kalorien 194

51. Kalbskotelett mit gehackten Nelken

Zutaten:

2 große Kalbskoteletts

1 Tasse gehackte Nelken

4 EL Olivenöl

1 EL getrocknete Petersilie

1 TL Rosmarin

1 TL roter Pfeffer

1 EL Zitronensaft

Zubereitung:

Vermische die Nelken, das Olivenöl, die Petersilie und den Rosmarin, um eine leckere Sauce zu erhalten. Wasche das Steak und leg es in eine kleine Backform. Gib Sauce dazu und backe sie 15-20 Minuten bei 150°C. Nimm die Form aus dem Backofen, streue Pfeffer und Zitronensaft darüber. Dekoriere das Ganze mit einigen Petersilienblättern. Lass es etwa 10 Minuten abkühlen.

Nährwert pro 100g:

Kohlenhydrate 8,2g

Zucker 4,9g

Proteine 22g

Fette insgesamt 9,6g

Natrium 97,2 mg

Kalium 381mg

Calcium 4,5mg

Eisen 5,3mg

Vitamine (Vitamin A; B-6; B-12; C; D; D2; D3; K; Riboflavin; Niacin; Thiamin; K)

Kalorien 216

ANDERE GROßARTIGE WERKE DES AUTORS

www.ingramcontent.com/pod-product-compliance
Lightning Source LLC
Chambersburg PA
CBHW071740080526
44588CB00013B/2104